AF497823

LIGUE DU SALUT SOCIAL.

APPEL

AU BARON JAMES DE ROTHSCHILD

POUR L'ORGANISATION

DU TRAVAIL

AU MOYEN DES BÉNÉFICES DU COMMERCE VÉRIDIQUE

Exercé au nom et au profit des Travailleurs ;

PAR LE CITOYEN DOCTEUR ARTHUR DE BONNARD.

Prix : 10 centimes. —— Tiré à 100,000 exemplaires.

Cette Brochure donne le moyen pratique et infaillible d'arrêter la **CRISE SOCIALE** qui menace d'entraîner dans l'abîme la France et l'Europe entière.

En vente chez l'Auteur, rue Bourbon-le-Château, n° 2, près le carrefour Bussy, chez les principaux Libraires et dans les Cabinets de lecture.

Imp. BAILLY, DIVRY et Cie, place Sorbonne, 2.

LIGUE DU SALUT SOCIAL.

ORGANISATION
DU TRAVAIL

AU MOYEN

DES BÉNÉFICES DONNÉS PAR LE COMMERCE VÉRIDIQUE
EXERCÉ AU NOM ET AU PROFIT DES TRAVAILLEURS.

APPEL
A M. LE BARON JAMES DE ROTSCHILD.

Par le Citoyen docteur Arthur de Bonnard.

I.

MONSIEUR LE BARON,

Le vulgaire, fasciné par tout ce qui est grand et extraordinaire, ne peut retenir un cri d'admiration à la vue de la prodigieuse fortune de votre maison, vieille au plus d'un demi-siècle. On dirait que les temps sont venus, et que les destins du peuple d'Israël vont enfin recevoir leur glorieux accomplissement.

Mais l'observateur qui analyse froidement les causes et la loi de développement de toute chose admire avec crainte, car, il le sait, le Capitole est voisin de la roche Tarpéienne, et nul homme encore n'a trouvé le secret d'arrêter le mouvement perpétuel que la fortune, constante dans son inconstance même, imprime de toute éternité à sa roue symbolique.

Aujourd'hui, Monsieur le Baron, successeur en mode inverse des Montmorency, ces premiers barons chrétiens, vous êtes le fondateur d'une nouvelle féodalité à laquelle les peuples étonnés et craintifs donnent le nom significatif de GRANDE FÉODALITÉ BANQUIÈRE, MERCANTILE ET INDUSTRIELLE.

Des prophètes, car il en est dans tous les lieux et dans tous les siècles, des prophètes, dis-je, se sont complus à décrire longuement tous les phénomènes évolutifs, toutes les phases par lesquelles passeront fatalement les sociétés civilisées avant d'atteindre ce profond degré d'abaissement qui s'appelle LE RÈGNE DE LA GRANDE FÉODALITÉ BANQUIÈRE, MERCANTILE ET INDUSTRIELLE. Ces prophéties ne sont pas obscurément reléguées dans des livres qu'on ne lit pas; elles sont jetées au vent, et recueillies avidement par les passants, dont le front s'assombrit à l'audition de ces étranges prédictions.

Elle serait bien folle, cette féodalité mercantile si elle se regardait comme la fin de toute chose, si elle prétendait poser un arrêt au développement social de l'humanité, condamnée à faire une halte dans un cloaque !!! En France, il est vrai, elle est en pleine vibration ascendante; mais elle meurt déjà de l'autre côté du détroit, et l'Angleterre expie

dans d'épouvantables tortures la criminelle imprudence qu'elle a commise en lui confiant ses destins.

Les riches ont toujours des flatteurs, Monsieur le
Baron, et rarement des amis. — Je veux être de ces
derniers, et je vais vous le prouver par la noble in-
dépendance de mes paroles. — Prêtez-moi quel-
que attention, la chose en vaut la peine. Nous jouons
tous notre tête dans l'enjeu des révolutions, et
j'aime la mienne autant que vous puissiez aimer la
vôtre.

La féodalité banquière, mercantile et industrielle,
dont vous êtes le chef en France, est aujourd'hui
constituée de fait. Elle empiète sur les pouvoirs lé-
gaux ; elle a tenu en échec la royauté, elle l'a per-
due. Avant peu, elle sera le seul pouvoir existant
jusqu'au moment où le peuple, qui la surveille,
fera ce qu'a fait Louis XI, ce vrai père du peuple,
ce qu'a fait Richelieu, cet égalitaire presque cou-
ronné, ce qu'ont fait ses pères en 1793.

Vous devez vous rappeler cette date, Monsieur le
Baron ; car, de cette époque commence, à ce qu'on
m'a dit, l'ère de la miraculeuse fortune de la maison des Rotschild et du peuple d'Israël secouant
un esclavage de 1800 ans.

Aucune usurpation féodale n'a pu se maintenir
sur la terre, quelle qu'ait été l'habileté de ses chefs.
Le sénat de Rome a été fauché par Marius et par le
glaive des empereurs ; que sont devenus les séna-
teurs de Gênes et de Venise?... leurs palais sont
déserts et tombent en ruine..... Écoutez la tem-

pête qui mugit et bat les flancs du vaisseau britannique; quelques années encore, et l'aristocratie marchande de Londres aura disparu sous le flot montant de la marée populaire, soulevée par le vent d'une indignation longtemps comprimée.

Monsieur le Baron, l'audacieux génie de votre père, glorieux fondateur de la dynastie des Rotschild, et la hardiesse de conception qui vous distingue personnellement, expliquent la royauté financière à laquelle vous êtes arrivé. Il y a du grandiose dans la manière dont vous avez conquis votre trône; tant d'intelligente audace imprime l'étonnement, et confond la raison; vous êtes un grand homme d'état... vous êtes digne de votre fortune.

Mais devons-nous avoir la même admiration pour cette tourbe qui se précipite sur vos pas, et qui se dispute la vaste curée de la fortune publique avec la gloutonnerie qui caractérise les appétits matériels de bas étage? Tel est, sauf quelques exceptions, le personnel de la nouvelle féodalité qui se range autour de votre trône, respectueuse et soumise.

Est-ce qu'elle serait aussi aveugle, aussi imprévoyante, aussi étourdie que l'ancienne?..... Est-ce que, à une époque où l'on donne de l'éducation même aux derniers enfants du peuple, elle aurait oublié le passé sans rien apprendre de l'avenir?..... Est-ce que les nouveaux preux, qui gagnent leurs éperons sur le champ de bataille de l'agiotage, dans des luttes de fraudes, de dol, d'escroqueries et de filouteries, qui échappent à la pénalité de nos codes impuissants, est-ce que ces grotesques successeurs des Godefroy de Bouillon, des Dunois, des Bayard et des Duguesclin, ont conçu l'insultant espoir de courber à tout jamais les populations chrétiennes sous le joug infamant de l'or déshonoré !!!!.....

Mais un jour qu'il sera trop importuné par ces frelons, le peuple mettra le pied dessus, et tout sera dit.

Ces hommes oublient donc qu'en 1400, trois prolétaires, nommés Guttemberg, Furster et Coster, inventèrent une manière de parler à cent millions d'hommes à la fois au moyen d'un porte-voix miraculeux qui s'appelle l'imprimerie? Ils ne savent donc pas qu'aujourd'hui toutes les nations du globe communient entre elles avec le pain de la pensée, et que bientôt les divers anneaux de l'humanité vont être soudés ensemble au moyen de deux magnifiques instruments, qui sont : les chemins de fer et la grande navigation ?

L'humanité, longtemps malheureuse et faible comme l'enfant au berceau, secoue enfin ses langes, et s'avance dans sa force et dans sa majesté. Elle répudie les fausses doctrines du passé; elle rejette loin d'elle les guerres sanglantes qui établissent la domination de la force brutale à cheval sur l'ignorance; elle connaît aujourd'hui ses destinées finales; elle maudit la guerre et ses travaux destructifs; elle bénit la paix et sa bienfaisante fécondité... PAIX... TRAVAIL... RICHESSE... BONHEUR...

tel est désormais son programme... C'est Dieu qui le lui a dicté !...

L'humanité dit encore qu'il est temps que le travail leur soit convenablement récompensé de ses peines, et que le capitaliste entre en partage de ses bénéfices avec l'ouvrier, sans lequel aucune production n'est possible.

A la politique qui n'a pas d'entrailles a succédé une science nouvelle, LA SCIENCE SOCIALE, OU DE LA FRATERNITÉ UNIVERSELLE, qu'il vous faut étudier, Monsieur le Baron, si vous voulez distinguer clairement le juste de l'injuste; science prophétique, s'il en fût, car elle dit : Ce qui est injuste périra demain; ce qui est juste subsistera aujourd'hui et dans l'éternité !...

Monsieur le Baron, croyez-moi, quelle que soit votre puissance, ne cherchez pas à reconstruire le passé. Il n'est pas donné à l'homme de ressusciter les morts; Dieu lui-même y renonce. Napoléon périt à la tâche quand il voulut refaire l'empire de Charlemagne, son glorieux prédécesseur; je ne vous parle pas de l'innocent Charles X, ni de votre roi que la tempête populaire poursuit sur les flots et jette sur la rive étrangère..... Ne soufflez donc pas sur des cendres pour leur donner une vie factice.

L'humanité est arrivée à une période de développement qui n'a pas d'analogue dans les siècles passés. C'est la virilité hardie qui se distingue tranchément de la timide enfance. Aujourd'hui la vie de la pensée circule dans la chaumière et dans l'atelier comme dans le Palais et à l'Académie ; elle anime tout le corps social. Il y a mieux : c'est que les masses ont la prescience certaine d'un avenir heureux, immuablement assis sur la double base de la paix entre les peuples et de l'association entre les individus, tandis que les savants et les dominateurs de la terre, enivrés par une science non contrôlée, et par une puissance sans contre-poids, marchent dans la nuit où ils se heurtent dans de perpétuels tâtonnements, et ne présentent même plus le spectacle *d'aveugles conduisant d'autres aveugles,* comme a dit le Christ, mais bien le risible et lamentable tableau *d'aveugles entêtés entraînant à leur perte les clairvoyants* qui leur crient gare ! et ne peuvent les détourner de l'abîme où ils courent se précipiter!....

Monsieur le Baron, deux routes se présentent devant vous : l'une vous conduit à une puissance féodale éphémère et détestée, que vous ne transmettrez pas à votre petit-fils. (Je suis médecin; j'ai tâté le pouls à la féodalité banquière; elle n'arrivera pas à la vieillesse; elle est poitrinaire; elle porte en son sein le germe d'une mort prématurée, précédée d'une convulsive agonie.) La deuxième route vous conduit à une fortune bien autrement glorieuse, immuablement assise sur l'amour reconnaissant des nations. Hésiteriez-vous à choisir?

Mon langage doit vous déplaire, Monsieur le Baron. Certes, il vous est plus agréable d'entendre les mélodieuses paroles de vos flatteurs. Étourdis par l'éclat éblouissant de votre incommensurable fortune, ils vous enveloppent d'un nuage d'encens, et vous endorment au bord de l'abîme à la berceuse mélodie de leurs chants. C'est toujours le même procédé depuis Nabuchodonosor jusqu'à Louis-Philippe.

Certes, lorsque la vie est si belle, quand on est le roi des rois, l'arbitre des nations, que, sorti hier d'esclavage, on s'entendra bientôt appeler, comme les empereurs romains : grand, glorieux, invincible, généreux, magnanime, tout-puissant, éternel, il est bien mal venu l'étranger qui se faufile et se mêle à tous vos endormeurs, non pour célébrer une omnipotence et une éternité d'un jour, mais pour vous arracher à un sommeil dangereux, mais pour dissiper le charme qui vous fascine, et vous empêche de distinguer clairement l'avenir..... l'avenir qui s'avance avec ses menaces, avec ses catastrophes inévitables !...

Et cependant, Monsieur le Baron, vous devriez vous armer de toute votre force et de toute votre prévoyance contre les inconcevables faveurs de la fortune, et ne pas vous endormir dans l'espoir trompeur d'une passagère éternité.

Ces jours derniers, je coudoyais dans la rue un des descendants des empereurs éternels de Constantinople. Que son sort est différent de celui de ses despotiques aïeux !...

Partout, la fortune, qui ne veut pas vous surprendre, vous prodigue ses enseignements, dont vous devez faire votre profit.

Qu'est devenue cette grande dynastie fondée par Napoléon? Elle monte la garde au coin de la rue, sous l'habit du soldat citoyen. Sortie des flancs du peuple, elle est rentrée dans le peuple. Salut fraternel à tous ces exilés de la gloire!... Est-ce qu'en France la gloire pouvait être frappée d'ostracisme!

Et la dynastie sanctifiée par le sang du roi martyr, qu'est-elle devenue? Elle promène dans l'exil ses prétentions d'un autre âge, et commence enfin à désespérer. Les légitimistes saluent avec enthousiasme le lever radieux du soleil de la liberté.

Et votre roi à vous, féodaux de la banque, du comptoir et de l'industrie, votre roi, qui avait mis la boutique sur le trône et le trône sur la boutique, qu'est-il devenu? Il fonde à Claremont un phalanstère de rois détrônés et de ministres pourchassés..... Que la terre de l'exil te soit propice, ô vieillard!..... Le peuple s'est rué sur toi par méprise... Tu étais le plastron sous lequel se cachait la grande féodalité banquière, mercantile et industrielle, pour faire ses rafles en tapinois.—Tu tirais les marrons du feu... elle les mangeait, et les mange encore à la barbe du peuple victorieux.

James Rotschild, la France est un pays monarchique. Quand un roi meurt, un autre monte sur le trône. Elle s'écrie : Le roi est mort! vive le roi!... Aujourd'hui, le roi... c'est le peuple. Mais ce roi est en haillons et n'a pas de pain!... Mais ce roi a pour palais des galetas et le coin de la rue!... Mais ce roi peut dire comme le Christ, le fils de Marie, votre

compatriote de la tribu de Juda : « Les oiseaux du
« ciel ont leur nid, les renards ont des terriers,
« mais le fils de l'homme n'a pas où reposer sa
« tête. »

James Rotschild, cette position est grave et pleine
de périls. — Jamais les rois, jamais ceux qui ont
la force en main n'ont accepté volontairement la
misère. Il faut aux rois de confortables habitations,
de chauds vêtements, bonne cuisine, et cave convenablement garnie. Les rois sont généralement
portés sur leur bouche.

Ce n'est pas tout : il leur faut des courtisans pour
les flatter, des bouffons pour les amuser, des valets
pour obéir à tous leurs caprices. Ils disent : Je veux
que l'on rie, et il faut rire... Je veux que l'on pleure,
et il faut pleurer... Je veux qu'il soit midi, et il
faut que midi soit..... Ils sont sujets à des emporte-
ments qui emportent tout; ils ont l'humeur quin-
teuse, acariâtre, fantasque..... soupçonneuse, surtout.....

Le peuple-roi est comme ses prédécesseurs. Il
est bon et mauvais, doux et emporté, réjoui et mé-
lancolique, fantasque et raisonnable, confiant et
soupçonneux.

Il prend toute espèce de noms, selon les circon-
stances... En 1793, il s'appelait Néron, et s'en faisait
gloire, car il n'a jamais honte de rien. Comme
Néron, il tuait sa mère, c'est-à-dire ceux qui l'a-
vaient mis au monde en faisant la révolution.....
Aujourd'hui, il est clément, et s'appelle Marc-Au-

rèle ; mais demain , s'il est mécontent , il dira : Je ne veux plus être Marc-Aurèle... Il me plaît que je m'appelle encore Néron..... Et, comme Néron , il mettra le feu à Rome pour le plaisir d'un spectacle, et déclamera les vers d'Homère sur l'embrasement d'Ilion prise par les Grecs..... Il est très-porté pour la poudre et les incendies. Il se donne des concerts de fusillades et de coups canon ; il ébranle les cloches et bat une mesure gigantesque avec le tocsin qui mugit..... En fait de romances, il ne connaît que la Marseillaise, et la chante aux rois, ses confrères, pour les désennuyer.

Il trône sur les barricades , s'assied sur un pavé, s'appuie sur un fusil, qui est son sceptre.

Tel est notre roi d'aujourd'hui, et nous devons l'accepter comme il est, car il paraît peu disposé à changer ou à abdiquer..... Tâchons donc de lui plaire.

Plaire à un roi..... c'est chose difficile, quand il faut amuser pendant vingt-quatre heures un fainéant débauché, qui ne sait pas pourquoi la nature a attaché deux bras à ses épaules et posé son corps sur des jambes qui ne demandent qu'à marcher.

Le peuple, lui, n'est pas un roi fainéant. Ouvrier cyclopéen, il travaille jour et nuit. C'est lui qui laboure les champs et fait croître les moissons; c'est lui qui s'empare de la matière et la transforme en aliments, en tissus pour nous vêtir..... Il frappe la terre du pied, et il en sort : chaumières pour lui, palais et châteaux pour vous..... Comme

Dieu, il dit : *Fiat lux,* et la lumière est ! ! !....

Il met la main à tout pour que tout soit mieux et plus tôt fait. Veut-il monter en voiture, il attelle les chevaux. S'il trouve que les chevaux ne vont pas assez vite, il abaisse les montagnes, comble les vallées, étend dessus des rubans de fer souples comme des rubans de soie, construit un cheval de métal qu'il nourrit de feu, monte dessus, et s'élance rapide comme la foudre..... Il dit : Je veux être là..... et il y est..... Il a dompté la matière, le temps et l'espace. Dieu lui tend la main ! ! ! Dieu l'élève jusqu'à lui ! ! ! Dieu lui fait partager la gloire et les travaux de la création ! ! !.....

Que faut-il à ce roi ?..... La propriété de ses œuvres..... Et vous conviendrez que c'est le moins qu'il puisse demander. Car enfin, Monsieur le Baron, l'argent que vous gagnez à la Bourse, vous dites : Il est à moi, puisque je l'ai gagné..... Eh bien !.... le peuple n'est-il pas en droit de dire : C'est moi qui crée tous les produits..... donc tous les produits sont à moi ?

Mais, disent à leur tour les possesseurs des instruments du travail, si tu crées, c'est parce que nous te prêtons capitaux et outils..... Eh bien !..... soit... réplique le peuple.... Ne nous fâchons pas ; surtout, pas de batteries... il ne s'agit que de s'entendre ; faisons nos parts, et *organisons le travail.*

Il pourrait dire : Je commence par prendre tout, parce que je m'appelle le lion.—Mais non.—Arrière le droit de la force.—Que chacun ait enfin ce qui lui est dû — rien de plus — rien de moins. — A la porte, les frelons parasites !..... Entrez, abeilles travailleuses !.....

Les ministres du peuple-roi, voulant lui faire leur cour, lui ont fait les plus belles promesses. Ils lui ont dit : « Tu auras du travail GARANTI ; tes enfants « seront élevés gratuitement ; ils recevront tous une « éducation intégrale qui développera toutes leurs « aptitudes natives ; tes malades seront soignés aux « frais de la république, et nous fondons l'hôtel « national des invalides du travail pacifique et pro- « ductif. »

Ces promesses sont séduisantes, et je suis fort de l'avis des citoyens gouvernants, qué j'aime de tout mon cœur. Je voudrais qu'ils gouvernent toujours, et leur donne ma voix. — Cependant, reste une petite difficulté :

Ou TROUVER L'ARGENT POUR TOUTES CES BELLES CRÉATIONS ?

Le budget de l'État ?... Mais il est absorbé par les besoins des services courants, et tous les ans il se solde en déficit. La France, donnant la main à toutes les nations civilisées, se précipite à marches forcées vers la banqueroute.....

Quand on aura supprimé les droits d'octroi, qui renchérissent la nourriture du pauvre ; aboli le droit sur le sel, substance qui empêche la corruption, et dont le gouvernement des repus aurait dû faire une plus grande consommation ; qu'on aura abaissé le droit de poste sur les lettres, droit qui isole de sa famille le pauvre éloigné du clocher de son village; que restera-t-il du budget de l'État? Un coffre à moitié vide, amaigri, pleurant silencieusement sa solitude et son abandon.

Et cependant, pour que le gouvernement puisse réaliser ses magnifiques promesses, il lui faut : de l'argent..... de l'argent..... toujours de l'argent !!! Un budget de TROIS MILLIARDS ne tiendrait pas tête á la situation.....

Cherchons donc ailleurs les ressources dont nous avons besoin, et, pour les trouver, jetons un coup d'œil sur l'organisme social. Faisons mieux : portons hardiment le scalpel dans ses flancs, faisons parler ses entrailles; elles nous diront les causes de la maladie qui épuise la société, et nous indiqueront les véritables sources de la fortune publique.

C'est ce que nous allons faire.

II.

Les fonctions matérielles de toute société présentent trois grands phénomènes corrélatifs qui doivent s'équilibrer. On trouve :

1° LA PRODUCTION ET LA FABRICATION de tout ce qui est indispensable et simpliment utile ou agréable au corps social;

2° LA CONSOMMATION DE CES PRODUITS;

3° LE TRANSPORT ET LA DISTRIBUTION de ces mêmes produits, fonction intermédiaire, qui porte le nom de COMMERCE, et qui est accompli par les

MARCHANDS, les COMMISSIONNAIRES et autres INTER-
MÉDIAIRES.

PRODUCTION, CONSOMMATION, DISTRIBUTION OU
COMMERCE, telles sont les trois personnes de la
TRINITÉ MATÉRIELLE.

Comment ont-elles fonctionné jusqu'à ce jour?

Depuis l'origine des sociétés, le producteur est
un esclave de l'homme ou de la misère, c'est tout
un. Il produit, et, trop souvent, il est privé du
droit de consommation. — C'est Lazare sous la table
du riche; c'est le chien fidèle mourant de faim à
côté du dîner de son maître. S'il touche à la pitance
défendue, malheur à lui!..... Brest, Toulon, Ro-
chefort et autres lieux ont des niches préparées à
l'avance pour ces chiens peu fidèles.

Les fonctions de TRANSPORT ET DE DISTRIBUTION
DES RICHESSES SOCIALES, fruit du labeur des travailleurs, sont exercées par des marchands, DIX
FOIS TROP NOMBREUX, parasites rongeurs implan-
tés sur les producteurs qu'ils épuisent.

Cette corporation commerciale, dépositaire de la
richesse sociale, et qui devrait la garder avec la
fidélité du chien, pressure affreusement les travailleurs, attend qu'ils meurent de faim pour acheter
leurs produits à vil prix, et court sans honte les
revendre, falsifiés, dénaturés, empoisonnés, si ce
sont des denrées alimentaires. Ils gagnent cent pour
cent sur les consommateurs qui sont, en grande
partie, ces mêmes travailleurs dépouillés au mo-

ment de l'achat. C'est la spoliation organisée à l'abri de la loi. Il y a cependant d'honorables exceptions.

Tous les bénéfices de la production sont absorbés par les marchands, qui devraient n'être que les intermédiaires fidèles placés entre les producteurs et les consommateurs, au lieu d'être des éponges absorbantes et corruptrices.

La maladie qui a tué notre civilisation décrépite, c'est le PARASITISME des marchands, traficants, banquiers, usuriers, commissionnaires, agents d'affaires et intermédiaires de tous degrés, pullulant et grouillant sur le corps social comme ces insectes rongeurs et suceurs nouvellement découverts, sur le corps humain, par Raspail, qui a inventé un microscope spécial pour étudier leurs étranges habitudes et mesurer la longueur de leurs suçoirs.

Les parasites qui rongent le corps social sont assez gros pour qu'on les voie à l'œil nu.

Mais la société est comme le phœnix : elle renaît de ses cendres, déploie ses ailes, et s'élance brillante de force et de jeunesse vers ses immortelles destinées.

Aujourd'hui, elle ne peut plus se coucher sur le lit de Procuste, trop étroit pour reposer ses larges flancs ; pour qu'elle soit logée convenablement, il lui faut de grands capitaux. Un budget de TROIS MILLIARDS ne satisferait peut-être pas ses besoins d'aujourd'hui ; son appétit est proportionné à sa nouvelle et incessante activité.

James Rotschild, vous pouvez lui donner son

nouveau budget de TROIS MILLIARDS, si, pour faire le bien de tous, vous déployez autant d'audace et de génie que vous en avez montré pour élever le splendide édifice de votre fortune personnelle.

Appelez à vous les féodaux de la banque, vos vassaux, formez une LIGUE, et EMPAREZ-VOUS DU COMMERCE, progressivement, en accaparant d'abord, AU NOM DU PEUPLE, ET A SON BÉNÉFICE, les denrées alimentaires. Là, il n'y a pas de mévente, pas un sol à risquer ou à perdre.

Proclamez un principe d'éternelle justice, et dites : LE PRODUIT DU TRAVAIL DOIT ÊTRE VENDU AU BÉNÉFICE DU TRAVAILLEUR. — LE PRODUCTEUR DOIT RESTER PROPRIÉTAIRE DE SA CHOSE JUSQU'A L'ACHAT PAR LE CONSOMMATEUR. Il ne doit plus y avoir de marchands, mais des ENTREPOSITAIRES DÉTAILLANT, au nom et au profit des travailleurs.

Organisez un corps de DISTRIBUTEURS DES PRODUITS, comme le Gouvernement en a organisé un pour la vente du tabac, du sel, du papier timbré, de la poudre, et que, défalcation faite des frais, les bénéfices constituent LA CAISSE DE L'ORGANISATION DU TRAVAIL.

Avec cette caisse, tout sera possible : éducation gratuite et intégrale des enfants ; secours aux veuves, aux orphelins, aux malades ; hôtel des invalides du travail pacifique et productif ; ministère du progrès ; *dégorgement des villes par l'émigration dans les campagnes de l'industrie manufacturière,* qui se mariera avec l'agriculture et supprimera les chômages; disparition des vices, des **crimes, de la** plupart des maladies et de la misère; organisation définitive et intégrale du **travail...**

Savez-vous que, tous les ans, le commerce **anar**chique, mensonger, falsificateur, empoisonneur et liberticide, prélève sur le Public débonnaire, **sur le** Peuple-Roi, l'énorme et fabuleux budget de **TROIS MILLIARDS**, environ!!!

Le commerce d'épiceries donne, à **Paris** seulement, un bénéfice de 86 millions, qui, déduction faite des frais d'administration, devraient **revenir** aux travailleurs et non aux épiciers. Et le commerce des liquides... y comprise l'eau déguisée en vin, que l'on donne à boire au **Peuple-Roi, c'est** par centaines de millions qu'il faut compter les bénéfices qu'il rapporte.

En vous emparant du commerce pour l'exercer au NOM ET AU PROFIT DU PEUPLE, vous substituerez le mode VÉRIDIQUE ou LOYAL au MODE ANAR-CHIQUE, MENSONGER, FALSIFICATEUR, EMPOISON-NEUR et LIBERTICIDE.

La substitution du commerce véridique au commerce mensonger sera une révolution bien autrement extraordinaire que celle des barricades, qui enthousiasme le Peuple et porte l'épouvante chez les rois. Cette substitution répandra sur le monde régénéré une bien autre masse de bonheur que n'importe quelle transformation politique.

La seule annonce d'une corporation commerciale véridique vendant les produits du travail au profit des travailleurs sera un événement si inouï, si miraculeux, si providentiel, qu'instantanément le faux commerce tombera sous les huées du public, honteux d'avoir si longtemps supporté le joug avilissant de ce tyran corrupteur. Le commerce anarchique et mensonger est la statue d'or aux pieds d'argile, posée sur un piédestal de fumier, la moindre secousse le fera tomber. Sonnez la trompette autour des murailles de Jéricho, et les murailles vont s'abaisser devant le peuple de Dieu, c'est-à-dire les travailleurs rentrant dans leur domaine ! ! !

James Rotschild, nous sommes aujourd'hui le 5 mars 1848 ; si vous le voulez, la révolution commerciale sera accomplie avant le 31. Dites seulement : JE VEUX... ET CE SERA... Nous avons fait en février la RÉVOLUTION DU MÉPRIS, faisons en mars la RÉVOLUTION DU DÉGOUT.

En m'élevant contre le parasitisme commercial, qui est le cancer rongeur de notre société, je veux que l'on sache bien que toutes nos sympathies sont acquises au marchand, comme individu. Dans la concurrence anarchique dont il est victime, il lui est impossible de rester honnête. Son voisin falsifie, dénature les denrées et les vend à bas prix ; il faut qu'il en fasse autant sous peine de mourir de faim, lui, sa femme et ses enfants. — Il est broyé sous le char sanglant de la concurrence ; il doit faire ce que font les autres. — Ce n'est pas le marchand qui est coupable, mais bien l'infâme régime de concurrence anarchique qui fait le malheur de tous, producteurs, consommateurs, riches qui craignent d'être dépouillés, pauvres qui le sont impitoyablement.

Je le dis hautement pour que le marchand connaisse bien ma manière de voir à son égard : Si j'étais épicier ou marchand de vin, aujourd'hui, sous l'infâme régime de la concurrence anarchique, je frelaterais et je falsifierais comme les autres, parce qu'avant tout il faut vivre, et que pour cela je devrais suivre le torrent....... Ainsi, dans tout ce que je dis, je professe le respect pour le marchand, comme homme, et le mépris pour le système commercial dans lequel il est enrégimenté. Ce n'est pas lui qu'il faut pendre, mais la concurrence anarchique. Que cela soit bien entendu.

Monsieur le Baron, je ne vous propose pas un projet en l'air. Depuis dix ans, opiniâtre comme tout homme qui a une puissante vérité dans la main et un généreux sentiment dans le cœur, je creuse cette formidable question de l'organisation du travail et je réunis des matériaux. — J'ai préparé tous les éléments de la solution et j'ai formulé le plan complet d'une **LIGUE GÉNÉRALE DES PRODUCTEURS ET DES CONSOMMATEURS**, coalisés pour échapper aux fraudes, aux falsifications du commerce anarchique et mensonger, pour secouer le joug de la grande féodalité banquière, mercantile et industrielle, et pour former la

LISTE CIVILE DES TRAVAILLEURS.

A cette ligue il faut un chef, de même qu'elle a

son apôtre. Ce chef, c'est vous ; l'apôtre, c'est moi. Je vous tends une main fraternelle..... tendez-moi la vôtre, et qu'une pression sympathique nous dise que nous nous sommes compris ! Levez-vous et annoncez à trois cents millions de prolétaires que le Messie libérateur est enfin arrivé au milieu d'eux. Ils l'attendent depuis si longtemps ! !...

James Rotschild, il y a dix-huit cent quarante-sept ans et quelques mois que la tribu de Juda, la tribu royale, donna naissance, dans une étable, sur de la paille, entre un âne et un bœuf qui le réchauffèrent de leur haleine, à un enfant, issu de David, qui fut appelé JÉSUS, c'est-à-dire LE SAUVEUR. L'histoire de cet homme, je n'ai point à vous la raconter... l'univers la sait... l'univers reconnaît en lui UN DIEU... Un Dieu seul pouvait vivre et mourir comme il l'a fait, pour le salut de l'humanité tout entière et en pardonnant à ses bourreaux.

Un grand crime fut commis à cette époque par la race d'Israël..... Le juste, l'agneau, l'élu des nations, l'homme-Dieu fut attaché à la croix, entre deux voleurs..... Il y eut des signes : les voiles du Temple se déchirèrent ; Dieu s'était enfui de sa demeure dans Israël ; les morts se réveillèrent et saluèrent leur libérateur ;.... le tonnerre fit entendre ses roulements solennels ; le soleil, frappé d'épouvante, se coucha dans un voile de sang ; la nature tout entière se couvrit d'un nuage funèbre, éclata en sanglots, et protesta contre ce déicide, qui mettait au ban des cieux notre globe, renié par les astres, ses frères, qui gravitent comme lui autour du trône de l'Éternel, votre Dieu et le mien.

La race d'Israël fut cruellement punie. Jérusalem s'écroula sous l'attaque des nations furieuses, et le Jourdain roula des flots de sang. Vos pères, avant de prendre le sentier de l'exil, tournèrent un dernier regard vers la montagne de Sion, où fumaient les débris du Temple que Dieu abandonnait aux reptiles et aux oiseaux de la nuit.

Si le crime fut incommensurable, l'expiation fut proportionnelle au crime. Le genre humain se ligua contre les coupables enfants d'Israël; la solitude se fit autour d'eux ; la haine et le mépris se posèrent en sentinelles au seuil de leur porte maudite ; ils furent les jouets des nations, comme le Christ avait été leur jouet.

Cependant Jésus avait dit à ses disciples : Ne pleurez pas, car je ne m'en vais pas ; je serai toujours au milieu de vous. Et Jésus ne pouvait ni mentir, ni se tromper. Il avait dit encore : Les pauvres sont mes membres douloureux et je continuerai à souffrir en eux. Quand vous donnerez un verre d'eau à un pauvre, en mémoire de moi, c'est à moi que vous le donnerez, je serai en lui.

Oui, le Christ est toujours au milieu de nous. Regardez bien, et que sa transfiguration ne vous empêche pas de le reconnaître...

Le Christ,... c'est le peuple... Depuis dix-huit

cents ans, le Christ-peuple est attaché à la croix de la misère, sur laquelle il meurt sans cesse pour ressusciter sans cesse..... C'est une crucifixion de dix-huit siècles!!! Sa tête est couronnée d'épines... le sang inonde son visage... on bafoue sa royauté... le soldat l'a percé de sa lance... ses pieds et ses mains sont traversés par des clous... on étanche sa soif avec du fiel et du vinaigre qu'on lui présente au bout d'un bâton..... les femmes pleurent à ses pieds... et chacun de ses gémissements ébranle le monde !!!

Il vous nourrit de sa chair et de son sang, et renouvelle à chaque heure du jour et de la nuit le mystère adoré de la divine Eucharistie.

Reconnaissez-le donc et ne vous attachez plus à des prophéties que vous n'avez pas comprises. Le Messie glorieux que vous attendez n'a pas cessé un instant de vivre au milieu de vous et de vous coudoyer...

Chose remarquable!... mystérieuse volonté de la Providence!... Suprêmes, éternels desseins de Dieu qui vont s'accomplir!... Ce sont encore les enfants d'Israël qui se montrent les plus acharnés à faire mourir le Christ-peuple sur la croix de la misère!!!...

Dieu tout-puissant!... ô vous qui aimez également tous vos enfants... est-ce qu'il entre dans vos desseins éternels que la race d'Israël se rende encore coupable de déicide!!!... On dit : Les Juifs sont les rois de l'époque..... et l'on se regarde avec un air menaçant... on entend ces paroles : Tout n'est pas accompli !...

Rotschild, ce n'est pas le hasard qui vous a placé dans la haute position que vous occupez. Le hasard n'est rien... Dieu est tout... Vous êtes le fils de ses volontés éternelles... Il a les yeux sur vous; il vous parle par ma voix; il vous ordonne de racheter le crime d'Israël.

Israël a attaché le Christ sur la croix..... détachez de la croix le Christ-peuple, et l'humanité pardonnera à Israël le déicide qui l'avait fait mettre au ban des nations...

James Rotschild, en ma qualité de délégué du peuple, j'ai à vous parler. Vous inviter à venir chez moi, je ne le puis, vous seriez essoufflé avant d'atteindre la mansarde populaire qui m'abrite. Je pourrais vous recevoir chez le peuple, dans la rue, vous offrir un pavé pour vous asseoir et un fusil pour vous appuyer. Mais la toiture du ciel laisse passer la pluie, nous ne sommes pas encore en juillet; conviez-moi donc chez vous, nous serons plus à notre aise pour causer. Et puis, je n'ai point horreur des lambris dorés.

En terminant, je dois vous prévenir d'une chose : Apôtre et ambassadeur du peuple, je me conforme à sa diplomatie, qui rompt la chaîne des traditions. — Il a horreur des cachoteries, qui supposent de mauvaises intentions. Sa diplomatie, à lui, limpide comme la lumière, juste comme la justice de Dieu, dont elle est l'expression ici-bas; sa diplomatie, dis-je, se fait au grand jour, à la face de Dieu et des hommes. — Si on lui résiste, il vous présente un pavé, et dit : Prenez mon ours. C'est son dernier argument. Il appelle cela de la logique serrée. Le Peuple-roi, mon maître, connaît cette première note que je vous présente, puisque c'est lui qui me l'a dictée; il connaîtra toutes les autres; rien ne peut, rien ne doit lui être caché.

Le peuple a donné rendez-vous, chez moi, à tous les producteurs et consommateurs , ainsi qu'aux marchands honnêtes qui s'enrôlent sous la bannière de la ligue pour éviter une ruine inévitable. Le peuple vous attend pour que vous vous mettiez à sa tête dans cette croisade contre le dol, la fraude et l'empoisonnement. —

James Rotschild, venez au milieu de nous, et vous goûterez ce fruit si doux qui s'appelle l'amour..... L'amour du peuple pour vous, et de vous pour le peuple. Dites, OUI, et tout à coup une grande clameur s'élèvera jusqu'au ciel. Un concert de 300 millions de voix déposera votre au nom au pied de l'Éternel, qui dira : C'est bien, mon fils, je suis content de toi. — Tu as compris que si NOBLESSE OBLIGE, RICHESSE OBLIGE ÉGALEMENT. Je te bénis.

Il n'est pas de droits sans devoirs, ni de devoirs sans droits. C'est une vérité sociale nouvellement découverte, et qui est à l'usage des grands et des petits. —

James Rotschild, vous tenez dans vos mains les

destinées de l'humanité. Quelle gloire !! mais aussi, quelle responsabilité !!!...

Le Peuple-roi attend.

Je tiens à votre disposition les plans que j'ai long-temps élaborés pour l'envahissement successif de toutes les branches du commerce. Vous en approuverez, j'en suis certain d'avance, les dispositions simples, puissantes, intégrales dans leurs conséquences.

Il ne faut pas que votre imagination s'effraie des proportions grandioses du plan que je vais vous soumettre. Il me semble même qu'un Rotschild ne peut accepter que des projets faits à sa taille.

D'ailleurs, ce qu'il faut surtout, c'est DONNER L'IMPULSION, le public fera le reste.

Établissons un calcul de *minimum*.

15,000 francs de marchandises garnissent convenablement une boutique d'épicier. — D'ailleurs, avec 15,000 fr. comptant, on a pour 40,000 francs de marchandises.

Avec 5,000 fr. comptant, on peut monter un débit de vin au détail, et le garnir au besoin de 10 à 15,000 fr. de liquides.

Il s'ensuit qu'avec 20,000 fr. on peut parfaitement installer, à côté l'un de l'autre, autant que possible, une boutique d'épicerie et un comptoir de vin au détail. —

Donc, avec un million, on pourrait ouvrir à Paris cinquante de ces boutiques, soit une par quartier, à peu près.

Ce serait le début, la mise en scène.

Quel ne serait pas l'enthousiasme du Peuple-roi, si, un beau matin, à son réveil, tous les journaux, des milliers d'affiches placardées et des enseignes posées aux nouvelles boutiques lui annonçaient que le commerce, oubliant ses habitudes de mensonge, entre glorieusement dans les voies de la vérité, et restitue enfin au travailleur les bénéfices que donne la vente des produits du travail!...

Paris pousserait une immense acclamation, et la force armée défendrait vos boutiques de l'envahissement des acheteurs. Je prendrais le tablier ce jour-là, et je servirais avec bonheur au Peuple-roi son premier canon véridique.

Vous ne vous figurez pas, Monsieur le Baron, jusqu'à quel point l'ouvrier est exploité dans ses achats en détail. Il faut le voir pour le croire. Moi, qui ai l'honneur d'être prolétaire, qui vit au jour le jour comme mes frères, je paie d'affreuses denrées quatre fois ce que vous coûtent des marchandises de première qualité. Vous ne vous doutez pas, vous autres riches, de l'énormité de l'abus. — Il faudrait donc établir d'abord des boutiques véridiques dans les quartiers populaires. On parerait ainsi au plus pressé; et puis, après tout, le peuple n'est-il pas le grand consommateur, le consommateur par excellence?

Quand vous aurez donné l'impulsion, les 400 millions des Caisses d'épargne se placeront dans le commerce véridique, qui leur donnera 5 pour 100 d'intérêts, et plus, peut-être, selon qu'on le jugera convenable.

Toutes les branches du commerce entreront successivement dans la ligue, et les parasites seront bientôt chassés des postes dans lesquels ils se sont fortifiés.

Je m'adresse aujourd'hui à vous spécialement, mais la besogne est assez grande pour que chacun y travaille. C'est pourquoi tous sont conviés : peuple, bourgeois, banquiers, noblesse territoriale, marchands honnêtes qui succombent.

Je m'entoure d'hommes de cœur, qui prennent le titre glorieux d'APÔTRES DU SALUT SOCIAL, et qui ne failliront pas à la tâche. Comme Cobden, nous allons lance r des milliers d'écrits brûlants dont la présente vous offre un échantillon. — Nous soulèverons le monde avec le levier pamphlétaire.

Le pamphlet, c'est la mitraille, qui balaie les abus, les trônes et les dynasties. C'est avec des pamphlets que Franklin a balayé les Anglais de l'Amérique qu'ils opprimaient; c'est avec des pamphlets que Paul-Louis Courrier et Béranger ont balayé la Restauration; c'est avec des pamphlets que Lamartine, Cormenin, les écrivains du *National*, de la *Réforme*, du *Courrier Français*, de la *Démocratie Pacifique*, ont balayé les deux Chambres et la Cour des Tuileries, qui en avaient besoin, et c'est avec des pamphlets que nous balayerons les boutiques, et jetterons dans le ruisseau les ordures dont elles sont remplies. —

Aujourd'hui, les *utopies se réalisent : il se fait toutes choses nouvelles :* les pamphlétaires sont au pouvoir, et les voleurs en prison. —

Quel magnifique pamphlet Lamartine ne vient-il pas d'adresser à l'univers sous le titre anodin de déclaration diplomatique!!!...

Talleyrand, dans un de ses rares moments de sincérité, a dit : *Les utopistes sont les seuls hommes qui aient le sens commun.*

J'ouvre un livre d'adhésions qui sera le LIVRE D'OR DE LA BIENFAISANCE SOCIALE ET PRODUCTIVE, et dont les feuillets seront, jour par jour, livrés à la publicité. Ainsi le Peuple-roi connaîtra ses vrais amis et les paiera par sa gratitude de l'amour dont ils auront fait preuve. Ce sera le commerce véridique des plus beaux sentiments de l'âme : l'amour, le dévoûment, la reconnaissance. —

Votre nom doit figurer en tête du LIVRE D'OR; autrement, il brillerait par son absence, car toutes les personnes à qui j'ai parlé m'ont dit : *Avez-vous vu M. de Rotschild? Il est le chef de la ligue commerciale aussi naturellement que les Guise étaient les chefs de la ligue catholique.*

Puissiez-vous, Monsieur le Baron, ne pas faire attendre longtemps votre décision. — Le peuple a faim et boit du vin frelaté. — Vos ennemis se réjouiraient d'un refus qui n'est pas probable parce qu'il ne serait pas digne de vous.

Quant à moi, rien ne peut m'arrêter aujourd'hui. Je m'appuie sur le peuple, c'est-à-dire sur le roc.

Tout ce qui n'est pas bâti dessus est bâti sur le sable. Vérité suprême, dont la grande féodalité banquière, mercantile et industrielle n'est pas assez convaincue.

Agréez, Monsieur le Baron, l'expression de la haute considération avec laquelle j'ai l'honneur d'être,

Votre tout dévoué concitoyen,
Le docteur Arthur de BONNARD.

Paris, 5 mars 1848.

APPENDICE.

Voici un aperçu du plan DE LA LIGUE DU SALUT SOCIAL dont j'ai parlé dans la lettre que l'on vient de lire :

ORGANISATION DU TRAVAIL

AU MOYEN DES BÉNÉFICES DONNÉS PAR LE COMMERCE VÉRIDIQUE EXERCÉ AU NOM ET AU PROFIT DES TRAVAILLEURS.

Explication du Mécanisme du commerce véridique.

Un comptoir de commission commerciale *véridique* va être fondé à Paris. Il opérera d'abord sur les vins et les liquides, sur l'épicerie, et, en général, sur les denrées alimentaires. C'est là, surtout, que la fraude et la falsification ont établi leur quartier général ; c'est là qu'est le danger pour la santé publique : c'est donc là qu'il faut porter remède en coupant le mal dans sa racine. Ce commerce nous donnera d'immenses bénéfices journellement réalisés, et le BUDGET DES TRAVAILLEURS acquerra de suite une grande importance.

Le comptoir de Paris entrera en relations immédiates et *véridiques* avec des comptoirs correspondants établis sur les mêmes bases dans les principaux centres commerciaux, tels que : Bordeaux, Mâcon, Dijon, Beaune, Épernay, Reims, etc., pour les vins ; Marseille, le Havre, etc., pour les denrées coloniales, les huiles, les savons, les fruits secs, etc.

Ainsi, tout habitant de Paris qui s'adressera au comptoir qu'on va fonder dans la capitale, pourra avoir directement, et en **QUALITÉ GARANTIE VÉRIDIQUE**, les produits, tels que vins, épiceries, et autres denrées ou marchandises, que fourniront les comptoirs des départements.

Il est bien évident que chaque comptoir se subdivisera en sections d'après la nature des produits, et se fractionnera en plusieurs magasins disséminés dans les divers quartiers des villes. Le commerce des tabacs nous fournit l'exemple d'une administration *unitaire*, se fractionnant en un nombre limité de boutiques distinctes, mais toutes reliées à un centre commun.

Deux comptoirs concourront nécessairement à la vente d'une marchandise.

Exemple. — Un consommateur de Paris, voulant avoir du vin de Bordeaux, s'adressera au comptoir de Paris, qui fera la demande du vin à celui de Bordeaux. Celui-ci achètera le vin au producteur, ou le prendra à commission, et l'expédiera au comptoir de Paris, qui le livrera au consommateur, auquel, lorsqu'il en sera requis, il fera la preuve de l'origine de la marchandise. L'acheteur sera ainsi assuré d'avoir *réellement* du vin de Bordeaux, et de même pour les autres denrées. On verra, d'ailleurs, plus loin, quels moyens énergiques seront employés pour démasquer la fraude.

Autre exemple. — Un consommateur de Rouen, qui désire des savons, des huiles et fruits secs de Marseille, s'adresse au comptoir de Rouen, qui transmet la demande à celui de Marseille. Ce dernier prend les divers articles chez les producteurs ou fabricants, et les expédie au comptoir de Rouen, qui les délivre à son client.

Ces deux exemples suffisent pour faire comprendre le mécanisme des comptoirs de l'Union.

Si le comptoir du lieu de la demande n'opérait pas avec le comptoir du lieu de la production, il pourrait être trompé par les producteurs et les fabricants à cause de l'éloignement. Dans notre combinaison, au contraire, deux comptoirs seront toujours parties intervenantes et partageront le bénéfice provenant de la vente. Ils auront, par conséquent, intérêt à ce que l'acheteur ou client soit satisfait. C'est pourquoi l'un inspectera scrupuleusement la marchandise en la recevant du producteur, et l'autre en la livrant au consommateur. Par ce mécanisme, la fraude sera saisie au passage et démasquée instantanément.

Chaque magasin sera muni d'une boîte pour recevoir les observations et les plaintes du public.

Nous aurons encore bien d'autres moyens d'empêcher le vol, ainsi qu'on va le voir.

Les comptoirs seront pourvus d'avance, autant que possible **PAR VOIE DE CONSIGNATION,** des denrées et marchandises courantes dont la vente est assurée.

Garantie absolue contre toute chance de fraude, par la dénonciation publique et la suppression des Comptoirs coupables.

Chaque comptoir fera les offres des produits de sa localité en publiant des annonces ou des bulletins dont *il garantira la sincérité,* et qu'il enverra aux comptoirs correspondants. Autant que possible, les comptoirs feront parvenir les échantillons ou établiront des dépôts. Ils devront surtout agir PAR VOIE DE CONSIGNATION.

Quand un comptoir aura livré des marchandises de mauvaise qualité, ou inférieures au prix demandé, qu'on pourra lui soupçonner l'intention de tromper, le comptoir ou le client qui auront reçu la marchandise, s'ils n'ont pu obtenir directement un arrangement à l'amiable, s'adresseront à la direction générale de l'Union, à Paris, pour obtenir la formation d'un JURY SYNDICAL, devant lequel comparaîtra le gérant du comptoir inculpé.

Si la fraude est prouvée, le tribunal arbitral portera un jugement par lequel il déclarera que le comptoir de *** **A FOURNI DES MARCHANDISES QUI NE SONT PAS EN RAPPORT AVEC LE PRIX DEMANDÉ.**

Cette simple déclaration, que, d'après les statuts, la Direction générale devra publier et faire afficher dans tous les comptoirs, pour que les clients de l'Union en prennent connaissance, mettra en suspicion le comptoir condamné, et lui enlèvera une partie ou totalité de ses affaires.

En cas de récidive, le comptoir condamné sera supprimé ; nul comptoir ne pourra dès lors correspondre avec lui, avant sa réorganisation, qui permettra d'expulser honteusement les fonctionnaires coupables.

Si, aujourd'hui, on pouvait arracher le masque aux marchands qui trompent par des annonces effrontées, en insérant les dénonciations des clients volés dans les journaux qui ouvrent leur page de derrière à toute prostitution mercantile, ces marchands seraient instantanément ruinés par l'abandon et le dégoût de leurs dupes.

Tel sera le sort des comptoirs convaincus d'improbité.

Le vol rendu impossible par le choix de fonctionnaires d'élite.

Pour offrir toute garantie de loyauté commerciale, l'administration de chaque comptoir, et surtout celle du comptoir de Paris, choisiront, autant que possible, les employés et fonctionnaires des deux sexes parmi les personnes auxquelles l'institut a accordé le prix Monthyon, ou autres récompenses pour actes de vertu, de probité, d'humanité, et parmi les autres personnes notoirement recommandables. On pourra récompenser les blessés de la Révolution, les veuves, en leur donnant des places convenables dans l'union commerciale. On emploiera les PETITS MARCHANDS HONNÊTES qui sont aujourd'hui broyés sous le char de la concurrence anarchique, profitable aux forts, fatale aux faibles. La ligue n'est pas formée contre les faibles.

Voulant s'entourer d'une armée de fonctionnaires d'élite et irréprochables, l'administration du comptoir de Paris fera un appel à chacun, pour qu'on lui *dénonce les hommes de bien*, qui, par fierté, plus souvent encore par timidité, languissent sans emploi et dans la misère, tandis que des milliers d'intrigants usurpent les plus belles positions sociales, s'emparent de toutes les fonctions, et livrent la société à une exploitation aussi odieuse qu'impudente. C'est une véritable curée de la fortune publique.

Le dossier relatant, sans exception aucune, tous les antécédents de chaque fonctionnaire, sera soumis au contrôle des intéressés, qui verront avec joie leurs intérêts confiés à des mains pures ayant obtenu pour la plupart de hautes récompenses de vertu.

A mérite égal, on donnera la préférence au père de famille, à la veuve chargée d'enfants, à la femme, quand les fonctions seront de son ressort.

Il faut faire cesser le scandale qu'offrent des jeunes gens dont on ferait des cuirassiers ou des tambours-majors, et qui sont employés à plier et déplier devant les acheteurs des dentelles et batistes, tandis que les femmes balayent les rues, succombent sous le poids des fardeaux dont on les charge comme des bêtes de somme ou se prostituent pour un morceau de pain que leur refuse le travail. Il faut que chaque sexe rentre dans sa spécialité. C'est une des conséquences de l'organisation du travail.

L'administration sera guidée par les principes les plus sévères de la justice distributive. Tous ses choix seront MOTIVÉS et RENDUS PUBLICS.

Un tableau sera affiché, contenant le détail des fraudes exercées dans chaque spécialité commerciale. Nous organiserons ainsi une **DÉNONCIATION PERPÉTUELLE DES CRIMES ET VICES DU COMMERCE ANARCHIQUE ET MENSONGER**. C'est ainsi que nous ferons l'éducation du public, et que nous lui apprendrons à faire respecter ses droits imprescriptibles.

Cette dénonciation perpétuelle des vices et crimes du commerce sera entendue des plus sourds, et réveillera les plus apathiques.

Fonds d'Assurance mutuelle garantissant les Comptoirs contre toute chance de perte.

Les comptoirs de chaque localité seront à l'abri de toute chance de perte en opérant autant que possible au comptant avec ceux de leurs clients dont ils ne connaîtraient pas la parfaite solvabilité. Les insolvables seront laissés aux marchands ordinaires. Chaque comptoir ne vendant que dans sa localité connaîtra ses clients, et saura à qui il devra faire crédit.

Chaque comptoir versera à la Direction générale, à Paris, sur ses bénéfices annuels, une prime d'assurance mutuelle contre les avaries et les pertes provenant de non paiements par les clients, pourvu qu'il n'y ait pas eu de la part des comptoirs négligence pour la conservation des marchandises, ou imprudence dans les crédits accordés.

Ce fonds d'assurance mutuelle empêchera les comptoirs de pouvoir jamais tomber en faillite.

Assemblée générale des représentants des Comptoirs.

Tous les ans, la Direction générale de l'Union commerciale et industrielle convoquera les représentants des comptoirs en assemblée générale à Paris. Elle leur donnera connaissance de toutes les opérations sociales, recueillera les observations, proposera les mesures à prendre dans l'intérêt de l'Union.

BASES DE L'ACTE DE SOCIÉTÉ

DU COMPTOIR DE PARIS, SERVANT DE TYPE AUX ACTES DE SOCIÉTÉ DES AUTRES COMPTOIRS.

FORMATION DU CAPITAL SOCIAL.

Le capital social provient de trois sources : 1° des *actions*, formant son CAPITAL PERMANENT ; 2° de *coupons d'é-*

pargne remboursables à un an de date, et formant son CA-PITAL MOBILE A ÉCHÉANCE FIXES; 3° de *coupons d'épargne placés pour un temps indéterminé*, et remboursables à dix jours de vue, comme le sont les fonds de la caisse d'é-pargnes; ce sera sa DETTE FLOTTANTE. Tous ces fonds tou-cheront cinq pour cent d'intérêt annuel.

Le *capital actionnaire ou permanent* pourra successive-ment être augmenté selon les besoins.

RÉPARTITION DES BÉNÉFICES.

Après le prélèvement de toutes les charges de la Société, et de l'intérêt annuel de cinq pour cent du capital action-naire et d'épargne, on répartira ainsi les bénéfices nets : on partagera ce dividende en cent parties ou centièmes, et l'on affectera :

1° Aux actionnaires et aux porteurs de coupons d'épar-gne à un an d'échéance   10 centièmes
2° Au fonds de réserve   5
3° Au fonds d'assurance mutuelle entre les comptoirs   5
4° A la caisse de l'organisation du travail   80

TOTAL......... 100

L'Acte de Société est tout préparé.

La Société sera gérée par ceux des grands capitalistes ou grands négociants qui auront adhéré à la ligue. Les Directeurs-gérants seront au nombre de....... et en même temps DIRECTEURS DE LA LIGUE.

On se formera en Société anonyme, si ce mode est jugé préférable.

Il y aura une Censure instituée aux frais de la Société. Les Censeurs, choisis par le Conseil de surveillance, con-trôleront, enregistreront, suivant une forme et un mode déterminés, tous les actes de l'Administration, de ma-nière qu'il y ait une SURVEILLANCE RÉELLE. On sait que les Conseils de surveillance ne surveillent jamais rien. C'est un ressort de parade.

La Société publiera un Journal, qui sera le MONITEUR DE LA LIGUE.

Les Bénéfices destinés à L'ORGANISATION DU TRAVAIL seront administrés par une Commission de grands capi-talistes, d'industriels, et d'ouvriers d'élite. Le docteur de Bonnard fera partie de cette commission, qui pourra s'adjoindre tous les hommes spéciaux dont elle pensera devoir solliciter les lumières.

Je vais publier sous peu de jours une brochure intitulée :

Association des maitres et des ouvriers. — Elle va donner tous les détails pratiques, et montrera comment on doit s'y prendre pour organiser *transitoirement* le Travail et préparer l'organisation *définitive*.

Je publierai également : Vices et crimes du commerce anarchique et mensonger. Il faut que la lumière se fasse.

Je vais faire un appel à tous les grands banquiers, à tous les grands industriels, à tous les grands capitalistes, à tous les grands propriétaires , à tous les honnêtes marchands. — Il faut qu'ils entrent dans la Ligue du Salut social. — Je vais leur soumettre les plans.

Quant aux ouvriers, il faut que par leurs délégués ils adhèrent à la Ligue en venant s'inscrire chez moi. — Beaucoup sont venus isolément; j'ai dû les inviter à se faire représenter par leurs délégués; je ne suis pas assez grandement logé pour recevoir chez moi deux cent mille hommes, et tel est le nombre des adhérents à la Ligue dans la classe ouvrière, à Paris seulement. Je ne compte pas dans ce nombre les femmes et les enfants.

Mais, dira-t-on, pourquoi ne pas proposer ce projet au gouvernement? — Le gouvernement n'a pas le temps aujourd'hui; travaillons, et, quand le commerce véridique sera organisé, nous en ferons hommage à l'État, c'est-à-dire à la nation. — De même, les assurances se sont organisées, ont fait le travail; il ne reste plus maintenant au gouvernement qu'à s'en emparer; il doit le faire.

Encore une fois, je fais un appel à tous les hommes de paix, de foi et de bon vouloir. — Le salut de tous est dans l'accord de tous et dans une foudroyante activité.

DE L'ACTIVITÉ SURTOUT, car les événements marchent à pleine vapeur sur le chemin de fer de la Providence, et c'est en allant de ce train, qu'arrivent les catastrophes, ou le salut. Va pour le salut.

Je suis chez moi tous les jours de midi à 2 heures, pour recevoir les adhésions et les observations.

Le Docteur ARTHUR DE BONNARD,

2, rue Bourbon-le-Château, près le carrefour Bussy.

EN VENTE CHEZ L'AUTEUR.

PARIS. — IMPRIMERIE DE BAILLY, DIVRY ET COMPAGNIE.